Casse·têtes
visuels

Michael A. DiSpezio

D1390064

éditions
BRAVO!

© 1998 Michael A. DiSpezio, pour l'édition originale
© 2009 Les Publications Modus Vivendi Inc. pour l'édition française

L'édition originale de cet ouvrage est parue chez Sterling Publishing Co., Inc.
sous le titre de : *Visual Thinking Puzzles*

Publié par les Éditions BRAVO! une division de
LES PUBLICATIONS MODUS VIVENDI INC.
55, rue Jean-Talon Ouest, 2e étage
Montréal (Québec) H2R 2W8
Canada

Directeur général : Marc Alain
Design de la couverture : Marc Alain
Traduction et adaptation : Germaine Adolphe

ISBN 978-2-92372-039-5

Dépôt légal — Bibliothèque et Archives nationales du Québec, 2009
Dépôt légal — Bibliothèque et Archives Canada, 2009

Tous droits réservés. Aucune section de cet ouvrage ne peut être reproduite,
mémorisée dans un système central ou transmise de quelque manière
que ce soit ou par quelque procédé, électronique, mécanique, de photocopie,
d'enregistrement ou autre sans la permission écrite de l'éditeur.

Nous reconnaissons l'aide financière du gouvernement du Canada
par l'entremise du Programme d'aide au développement
de l'industrie de l'édition (PADIÉ) pour nos activités d'édition.

Gouvernement du Québec — Programme de crédit d'impôt
pour l'édition de livres — Gestion SODEC

Imprimé au Canada

TABLE DES MATIÈRES

Introduction

Visualisez une boîte de carton contenant votre pizza préférée. De quelle couleur est-elle ? Porte-t-elle une inscription ? Est-elle tachée d'huile ? Est-elle complètement fermée ? Pouvez-vous entrevoir la pizza à l'intérieur ?

À présent, ouvrez lentement la boîte. De quelle forme est la pizza ? Manque-t-il des pointes ? La pizza a-t-elle des garnitures supplémentaires, tels que du pepperoni ou de la saucisse ? Y a-t-il des anchois sur une ou plusieurs pointes ? La pizza est-elle brûlante ou tiède ? A-t-on saupoudré le fromage de poivre ou d'ail ?

Votre capacité à visualiser cette pizza traduit le pouvoir inouï de « l'œil de l'esprit ». La pensée visuelle est un puissant élément qui définit notre processus de traitement de l'information.

La pensée visuelle ne se limite pas au présent ; nous pouvons l'utiliser pour refléter le passé. Par exemple, pensez au moment où vous avez vu ce livre de jeux pour la première fois dans une librairie. Était-il sur une étagère du haut ou du bas ? Était-il seul ou faisait-il partie d'un tas ? Imaginez maintenant la personne qui a placé ce livre sur l'étagère. Remontez encore plus loin, jusqu'à celle qui a livré une boîte de ces livres au magasin. Vous pourriez même être capable de visualiser l'auteur dans son environnement, en train d'écrire cette introduction. Tel est le pouvoir de la réflexion visuelle.

La pensée visuelle peut aussi bien vous projeter dans l'avenir. Visualisez un domino posé debout sur un bureau. À présent, dans l'œil de votre esprit, placez cinq autres dominos en rang derrière lui. Poussez le premier domino jusqu'à ce qu'il bascule. Qu'arrive-t-il quand il frappe le prochain domino ? Tous les dominos tombent-ils ? Que se passe-t-il quand le dernier domino s'écroule ? Y en a-t-il un qui se retrouve par terre ? C'est de nouveau le pouvoir de la pensée visuelle qui vous permet de vous propulser dans l'avenir.

Ce livre contient une série de casse-têtes bien peaufinés, dont la complexité éprouvera à coup sûr votre pensée visuelle. Beaucoup d'entre eux sont fondés sur des défis traditionnels, vieux de plusieurs siècles, et d'autres sont inédits. Vérifiez par vous-même ; ouvrez vos yeux et votre esprit, et amusez-vous bien !

Michael

FIGURE DÉFIGURÉE

Nul besoin d'une boule de cristal pour voir dans l'avenir. Faites appel à votre cerveau.

Trois petits morceaux reliés ensemble à l'une de leurs pointes composent la figure ci-dessous. Si vous les tournez de façon que leurs côtés adjacents soient bien alignés à plat, laquelle des formes géométriques proposées obtiendrez-vous ?

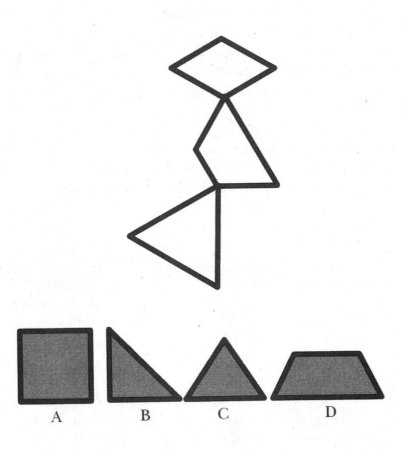

A   B   C   D

Solution en page 88.

POINTES EN ROND

On associe plusieurs compétences à la pensée visuelle, certaines étant plus difficiles à maîtriser que d'autres. Par exemple, la capacité à faire tourner mentalement des objets s'avère souvent moins évidente qu'il n'y paraît.

Faites l'exercice suivant : Si vous deviez assembler ces morceaux en cercle, quelle serait la figure formée par les lignes à l'intérieur des pointes ?

Solution en page 75.

POINTS LIÉS

Voici un type différent de casse-tête. Pour le résoudre, votre cerveau doit découvrir des formes.

Dans cette figure, combien de carrés pouvez-vous créer en reliant quatre points quelconques ?

Note : Chaque coin du carré doit reposer sur un point de la figure.

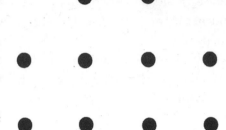

Solution en page 67.

PIZZA GARNIE

Pensez à une pizza. Imaginez sa surface couverte de sauce et de fromage. Pas trop difficile, n'est-ce pas ? Cette capacité à produire des images mentales résulte de la pensée visuelle. Fermons la parenthèse, et retournons à la pizza.

Robert aime préparer ses propres pizzas. Il commence par confectionner un rond de pâte de 30 cm de diamètre, puis il le garnit de rondelles de salami. Toutes les rondelles ont 10 cm de diamètre. Si Robert dispose les rondelles de salami sans les faire se chevaucher ni dépasser le pourtour du rond de pâte, combien peut-il en mettre sur sa pizza ?

Solution en page 76.

CHEMIN POINTÉ

Les suites logiques existent sous diverses formes. En voici une fondée sur des carrés de symboles qui subissent un certain changement avec le temps.

Voyez-vous comment ces carrés évoluent dans ce cas-ci ? Bravo ! Utilisez le fruit de votre visualisation pour identifier le quatrième membre de cette série.

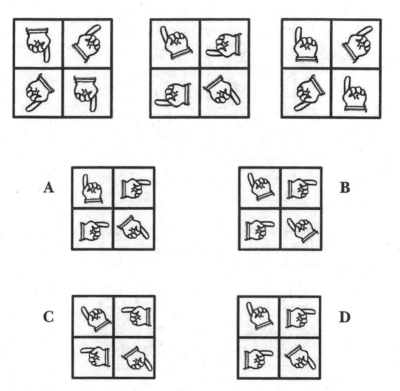

Solution en page 76.

MIROIR, MIROIR

Réalisez-vous que votre cerveau tente constamment de comprendre l'information transmise par vos yeux? Vous savez sans doute que l'image reçue par votre rétine est renversée, mais que votre cerveau la redresse en position plus logique. Votre cerveau saurait-il remettre une image à l'endroit sur commande?

« Miroir, miroir, dis-moi quel carré ci-dessous est la réflexion de celui qui suit. »

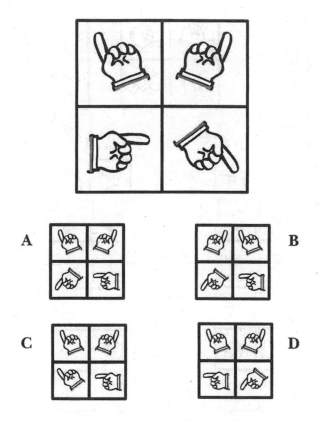

Solution en page 72.

ÉVASION SPATIALE

Oublions pour le moment les casse-têtes visuels, et évadons-nous dans l'espace.

Une astronaute quitte sa navette spatiale pour réparer un satellite en panne. Elle atterrit sur l'un des coins du satellite, un cube parfait, et s'aperçoit qu'elle doit marcher jusqu'au coin opposé. Pour économiser son oxygène, elle doit parcourir le moins de distance possible. Son trajet projeté, indiqué par la ligne pointillée, est-il le chemin le plus court entre les deux coins opposés ?

Solution en page 80.

ANNEAUX DÉSUNIS

Le nerf optique connecte l'œil au cerveau. Ce « câble de connexion » est loin d'être passif. Pendant la transmission, l'information visuelle est analysée et triée, de sorte que les messages sont partiellement traités avant d'atteindre le cerveau. Aucune perte de temps !

Solution en page 72.

En fouillant dans une boîte d'anneaux, une bijoutière en découvre trois attachés ensemble. Elle décide de les séparer. Tandis qu'elle les examine, elle trouve un moyen de les désunir en ouvrant juste l'un d'entre eux. Sauriez-vous en faire autant ?

MÉTAMORPHOSE

Pouvez-vous visualiser une image 3-D ? Alors, imaginez un bloc solide d'argile façonné en cube parfait. Le voyez-vous ? Bien. À présent, modifiez sa forme à l'aide d'un couteau de modelage. Comment une seule coupe peut-elle produire l'hexagone ci-contre ?

Solution en page 88.

CARRÉ PARFAIT

La résolution du prochain casse-tête fait appel à votre pensée visuelle et à votre coordination œil-main. Vous aurez aussi besoin d'une paire de ciseaux.

Tracez les figures ci-dessous sur du papier épais. Découpez-les soigneusement aux ciseaux, puis arrangez-les de façon à former un carré parfait.

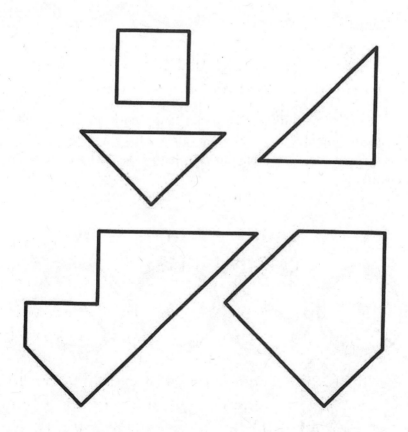

Solution en page 81.

RÉFLEXION TEMPORELLE

Visualisez un cadran d'horloge dont les aiguilles indiquent 4 h 20. Si vous regardiez ce cadran dans un miroir, à quoi ressemblerait son image réfléchie parmi les suivantes ?

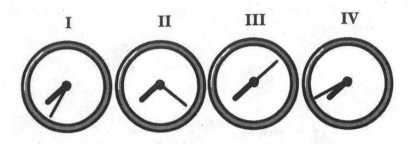

Maintenant, corsons un peu l'exercice. Supposons que les aiguilles du cadran indiquent 2 h 40. Si vous tournez le cadran tête en bas, et que vous regardez son image miroir, lequel des cadrans suivants verrez-vous ?

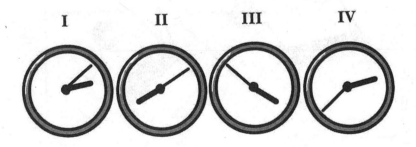

Solution en page 78.

MAUVAISES NOTES

Petite pause musicale... Quelle paire de notes diffère des six autres ?

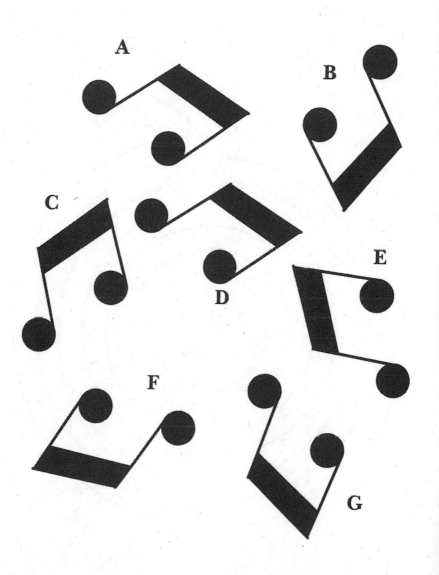

Solution en page 73.

SIPHON SIPHONNÉ

Un tuyau se trouve au centre d'un drôle de siphon de fil.

Supposons que vous tiriez sur les bouts libres du fil. Le fil se détachera-t-il du tuyau ou l'emprisonnera-t-il ?

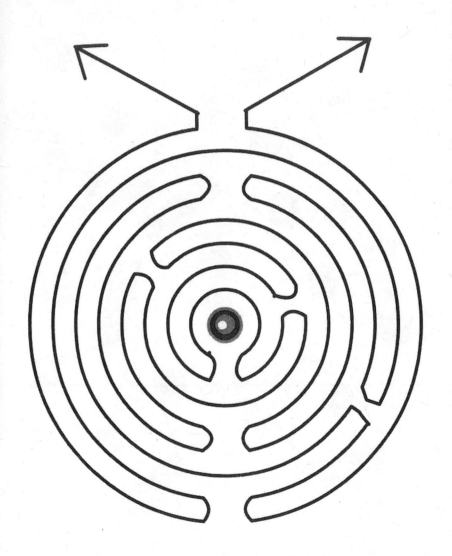

Solution en page 65.

DISQUE DISLOQUÉ

Un disque vinyle tombe par terre, et se casse en deux moitiés égales. Ces moitiés sont recollées minutieusement, de façon à bien aligner tous les sillons. Toutefois, il y a un léger problème. Dans la hâte de réparer le disque, on n'a pas mis les bonnes faces ensemble. Par conséquent, chaque côté du disque est formé d'une moitié de la face A et d'une moitié de la face B. Le vinyle est placé sur la platine, puis l'aiguille de la tête de lecture est déposée à la fin de la première chanson. Lorsque le disque tourne, que fait l'aiguille ?

Elle trace un cercle, en restant toujours à la même distance du centre du disque.

Elle avance en spirale vers le centre du disque (son déplacement normal).

Elle avance en spirale vers le bord du disque.

Solution en page 65.

VERS LE HAUT

Reproduisez quatre copies de la flèche ci-contre. Découpez les quatre copies, et disposez-les de manière à former cinq flèches.

Solution en page 84.

PRÉFABRIQUÉ 4

Une fois repliée, la figure suivante forme une maison. Laquelle des structures ci-dessous ne peut être obtenue à partir de cette figure ?

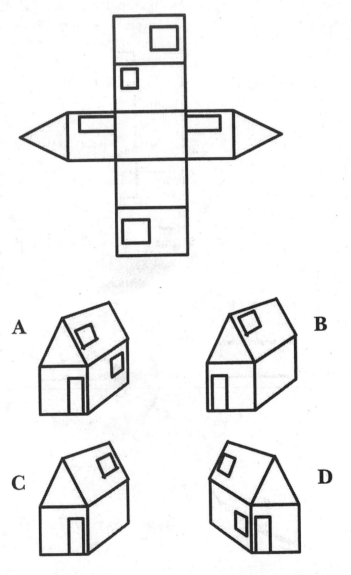

A

B

C

D

Solution en page 76.

VALEURS AJOUTÉES

Supposons qu'on fasse la somme des valeurs illustrées par les deux graphiques ci-dessous. Quel graphique combiné obtiendra-t-on?

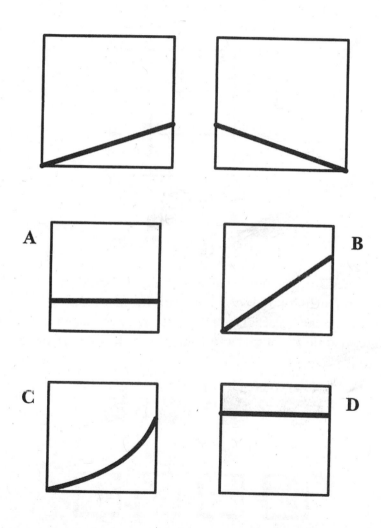

Solution en page 82.

CARRÉS CACHÉS

Pouvez-vous trouver quinze carrés dans la grille ci-dessous?

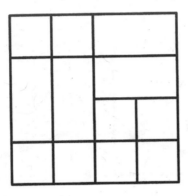

Solution en page 69.

SIGNES EFFACÉS

Les signes mathématiques reliant les chiffres ci-dessous ont été effacés. Heureusement, on les a retrouvés dans les quatre carrés du bas. Votre travail consiste à placer ces carrés entre les chiffres, de façon à obtenir un résultat de 3. Toutes les opérations sont faites en allant de gauche à droite.

Solution en page 88.

PÂTE LIÉE

Ces deux amoureux aspirent goulûment un long et même spaghetti.
Un nœud se formera-t-il dans la pâte ou seulement dans leur cœur ?

Solution en page 86.

PENTAGONE MORCELÉ

Tracez ces deux paires de formes sur du papier épais. Découpez soigneusement les quatre morceaux aux ciseaux, puis disposez-les en pentagone.

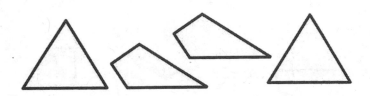

Solution en page 75.

AU BÛCHER

Quel est le troisième crayon en partant du bas du tas ?

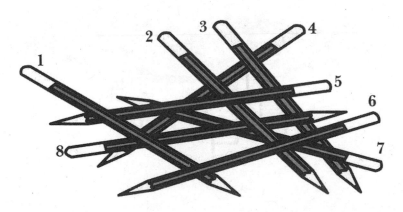

Solution en page 75.

MISE EN BOÎTE

Laquelle de ces figures ne forme pas un cube une fois repliée ?

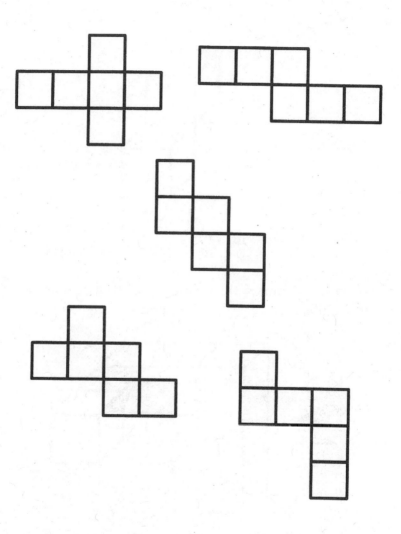

Solution en page 65.

FACES VISIBLES

Supposons que vous puissiez examiner cet assemblage de cinq cubes sous tous les angles (bien que non visible, le cinquième cube se trouve au centre de l'assemblage). Combien de faces différentes pouvez-vous compter ?

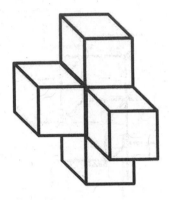

Supposons que le cube caché (le cinquième) se soit envolé. Combien de faces sont maintenant visibles ?

Maintenant, examinez cet assemblage de neuf cubes sous tous les angles. Combien de faces différentes pouvez-vous compter ?

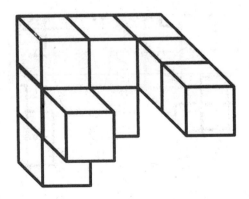

Solution en page 67.

PROFIL IMPOSSIBLE

Bien que vous ne puissiez voir cet assemblage en entier, vous êtes capable de déterminer sa forme exacte. En regardant dans tous les sens, lequel des quatre profils est impossible ?

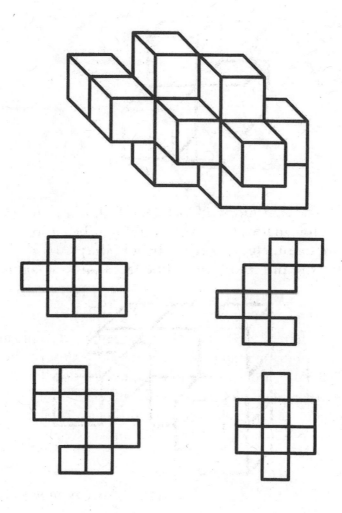

Solution en page 69.

PLIS DU PHARAON

Une fois repliée, laquelle des figures suivantes se distingue des autres ?

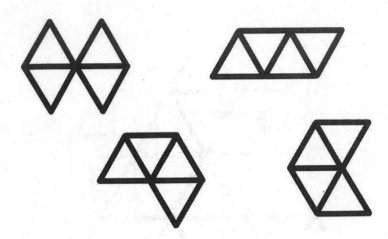

Solution en page 75.

TRAIN-TRAIN FERROVIAIRE

Deux voies ferrées parallèles relient Metropolis et Gotham City. Toutes les heures, un train part de chaque ville pour se rendre à l'autre. Le trajet dure trois heures dans chaque direction. Imaginez que vous êtes à bord d'un train au départ de Metropolis. En comptant le train qui entre en gare tandis que le vôtre démarre, combien de trains croiserez-vous au total avant d'arriver à Gotham City ?

Solution en page 65.

TRIANGULATION

Combien de triangles équilatéraux pouvez-vous trouver dans la figure ci-dessous ?

Solution en page 86.

EN AVANT, MARCHE !

Une armée de fourmis névrosées vivent dans la jungle d'un pays lointain. Au cours d'une expédition, les fourmis découvrent une piste formée de trois cercles qui se chevauchent.

Voici le défi : Les fourmis doivent trouver un circuit couvrant toutes les parties de cette étrange piste, sans prendre deux fois un même chemin ni revenir sur leurs pas. Quel parcours continu doivent-elles emprunter ?

Voici une seconde piste avec les mêmes restrictions.

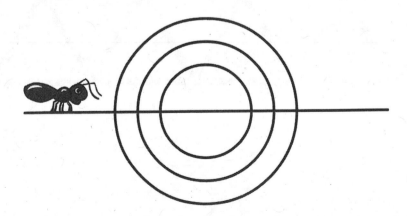

Solution en page 74.

PAUSE RÉFLEXION

Combien de chemins différents peuvent vous mener à la sortie de ce labyrinthe octogonal ? Du départ à l'arrivée, vous ne pouvez vous déplacer autrement que dans le sens des flèches.

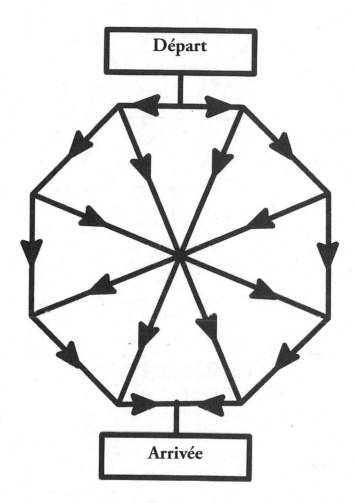

Indice : Il y a un moyen de résoudre ce casse-tête sans tracer chaque chemin. Savez-vous lequel ?

Solution en page 82.

CODE CIRCULAIRE

Quel nombre va logiquement dans la pointe de tarte vide ci-dessous ?

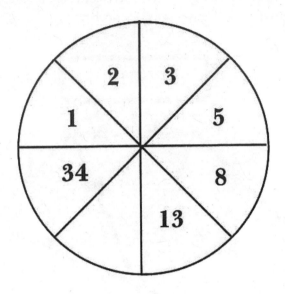

Solution en page 66.

DE MAIN EN MAIN

Six personnes se rencontrent à un gala des penseurs visuels. Si toutes se serrent la main mutuellement une fois, combien y aura-t-il de poignées de main ?

Solution en page 78.

POUPÉE RUSSE

Une poupée russe de la planète Infinitum contient un nombre infini de poupées plus petites qui s'emboîtent les unes dans les autres. Chaque petite poupée est exactement deux fois moins grande que celle qui l'abrite. Supposons que la plus grande poupée mesure 30 centimètres. Si vous enlevez toutes les petites poupées (en admettant que leur nombre soit infini) et que vous les placez debout les unes sur les autres, quelle hauteur aura la pile ?

Solution en page 73.

MINUTE DE VÉRITÉ

Lorsque John P. Cubic a été appelé à la barre, on l'a questionné sur sa capacité à résoudre des casse-têtes. Il a affirmé qu'il était compétent en la matière.

Pour le prouver, il a montré un morceau de carton carré avec un trou décentré, et a déclaré : « En coupant ce carton en deux et en réarrangeant les deux morceaux, je peux déplacer le trou au centre du carré. » Le jury était sceptique, mais le détecteur de mensonge a confirmé qu'il disait la vérité.

Pouvez-vous trouver comment il s'y est pris ?

Solution en page 84.

BLOC BLOQUÉ

Quelle structure de cubes n'est pas comme les autres ?

Solution en page 65.

GRILLE BLANCHE

Pouvez-vous remplir cette grille selon les données suivantes :

B est dans la même colonne que E et H.

F est à gauche de B et directement au-dessus de D.

G est à droite de E et directement au-dessus de I.

D est directement à gauche de H et dans la même colonne que A.

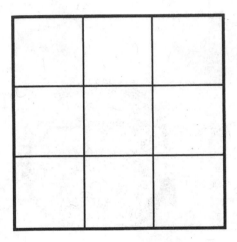

Solution en page 67.

COUP PAR COUP

Un casse-tête contient 50 morceaux. Si la réunion de deux morceaux (ou blocs de morceaux) équivaut à un coup, quel est le nombre minimal de coups nécessaires pour assembler les 50 morceaux ?

Solution en page 83.

ROUE ENDIABLÉE

Examinez ces deux paires de roues. La barre qui relie les deux roues de chaque paire est en acier solide. Sur la paire supérieure, la barre est attachée à la même distance au-dessus de chaque roue. Sur la paire inférieure, la barre est attachée plus haut sur la grande roue que sur la petite.

Si la petite roue tourne dans le sens horaire, qu'arrivera-t-il à la grande roue ? Le mouvement de la grande roue de la paire du bas sera-t-il différent ? Si oui, de quelle façon ?

Solution en page 87

ENGRENAGE CARRÉ

Si vous tournez le carré denté du haut,
que fera celui du bas ?

Solution en page 82

ENTRE LES DENTS

Disposez vingt-quatre cure-dents selon la grille ci-dessous. Pouvez-vous retirer huit cure-dents de façon à former une grille de seulement deux cases ?

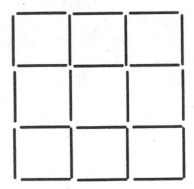

Disposez seize cure-dents selon la forme ci-dessous. Pouvez-vous déplacer (et non retirer) trois cure-dents de façon à obtenir quatre carrés de même taille ?

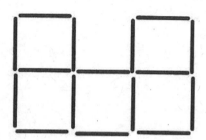

Construisez la maison ci-dessous avec onze cure-dents. Pouvez-vous changer la position de un cure-dents de façon à inverser l'orientation de la maison ?

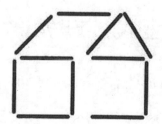

Finalement, formez huit triangles différents avec six cure-dents. Indice : Les triangles seront de deux tailles différentes.

Solution en pages 84-85.

EN MORCEAUX

Le casse-tête ci-dessous s'intitule : « Chat blanc un jour de neige en Arctique ». Supposons que vous deviez colorier chaque morceau sans que deux morceaux adjacents soient de même couleur.

Quel nombre minimal de couleurs devrez-vous utiliser pour distinguer chaque morceau ?

Solution en page 68.

PAGES ENVOLÉES

Un coup de vent a séparé les pages d'un journal local. D'après les numéros indiqués ci-dessous, pouvez-vous déterminer le nombre total de pages que contenait le journal ?

Solution en page 77.

CUBE CONTROVERSÉ

Quels deux cubes ci-dessous peuvent être construits en repliant cette figure ? (Les motifs doivent apparaître sur les faces visibles.)

Solution en page 67.

CUBE DÉSARTICULÉ

À présent, inversons le processus de pensée. Pouvez-vous identifier la forme dépliée du cube suivant ?

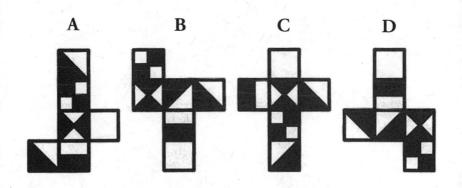

A   B   C   D

Solution en page 68.

À PLEINES DENTS

Les roues dentées A et D ont chacune soixante dents, B en a trente, et C, dix. Supposons que B fasse vingt tours complets par minute. Est-ce la roue A ou la roue D qui tournera le plus vite ?

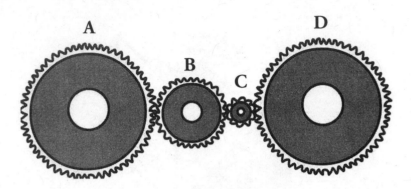

Solution en page 78.

AU DOIGT ET À L'ŒIL

Examinez chacune de ces neuf mains attentivement. Laquelle d'entre elles n'est pas comme les autres ?

Solution en page 68.

TOURNER EN ROND

Ce système de courroies et de poulies permettra-t-il la libre rotation de la grande roue quand la souris se mettra à courir?

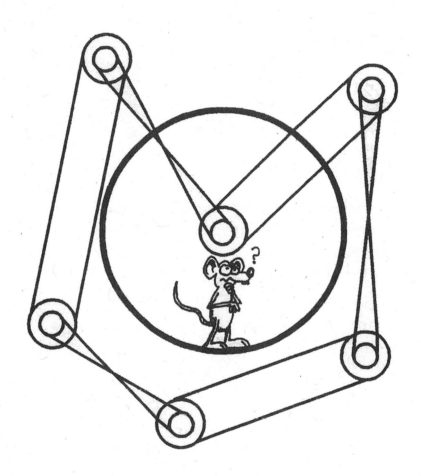

Solution en page 68.

BONS POINTS

Pouvez-vous tracer un triangle équilatéral de façon à ce que chacun des trois points ci-dessous se trouve sur un côté différent du triangle ?

Ajoutons un côté au défi. Pouvez-vous tracer un carré de façon que chacun des quatre points ci-dessous se trouve sur un côté différent du carré ?

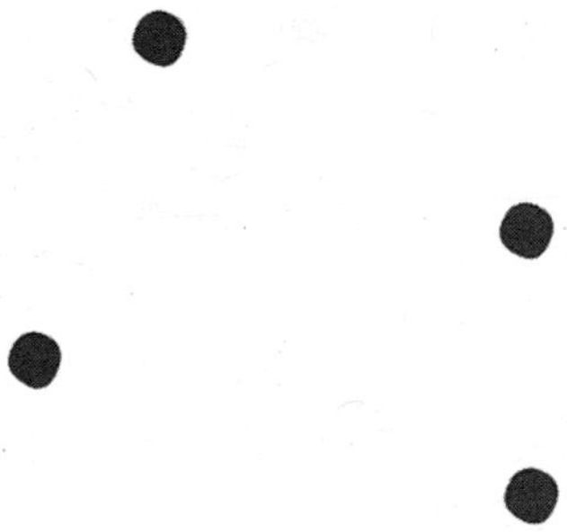

Solution en pages 80-81.

SEIZE EN SIX

En utilisant seulement six lignes droites, reliez tous les seize points ci-dessous.

Solution en page 73.

PAUSE-CAFÉ

Les propriétaires d'un magasin de café ont commandé deux cafetières de tailles différentes. Si la cafetière A contient à peu près 250 centilitres de café, environ combien de café contiendrait la cafetière B ?

Solution en page 66.

DIVISION PLANÉTAIRE

Quatre civilisations extraterrestres se partagent l'Univers. Une partie de l'espace présente une composition unique de planètes. Si les quatre civilisations veulent des territoires identiques, chacun contenant trois planètes différentes, comment cette région doit-elle être divisée?

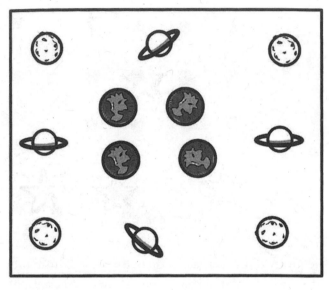

Solution en page 79.

DIVISION STELLAIRE

La carte stellaire ci-dessous indique la position de onze étoiles. Pou-vez-vous délimiter un territoire pour chacune de ces étoiles en traçant seulement cinq lignes droites ? Les territoires n'ont pas à être égaux.

Solution en page 72.

ZÉRO À ZÉRO

Lorsqu'ils ne sont pas occupés à diviser l'Univers, ces extraterrestres se lancent des défis sportifs. Jusqu'à présent, leur jeu favori est le tir à la corde. Durant la compétition, il y a eu les trois matchs nuls illustrés ci-dessous. À partir de cette information, et sachant que le tournoi s'est terminé par un autre match nul, pouvez-vous identifier la dernière paire de concurrents?

A   **B**   **C**

Solution en page 71.

BASKET À SON PIED

Supposons que vous puissiez vous faufiler dans la basket de l'un de ces athlètes extraterrestres. Sachant que le lacet s'entrecroise, à quoi ressemblerait-il vu de l'intérieur de la chaussure ?

Solution en page 79

PLIS REPLIÉS

Selon les étapes illustrées ci-dessous, on a plié un carré de papier en huit, puis on a coupé un coin de un seul coup de ciseau. Une fois déplié, à quoi ressemblera ce carré ?

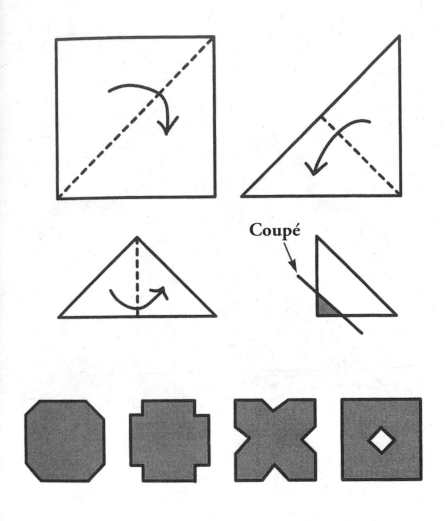

Coupé

Solution en page 68.

PAIRE NÉBULEUSE

Une astronome photographie deux galaxies spirales côte à côte. En étudiant ses photos, elle découvre, sur l'une d'elles, une paire de galaxies différentes. Examinez les six images ci-dessous. Une paire de spirales n'est pas comme les autres. Pouvez-vous l'identifier ?

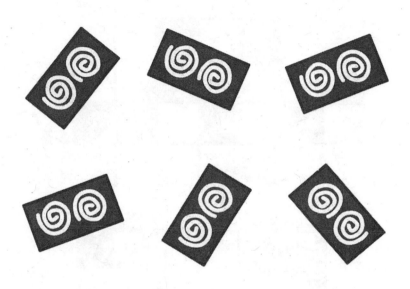

Solution en page 80.

CHIFFRES EN TÊTE

Dans les nombres de 1 à 100, quel chiffre apparaît le plus souvent ? Pendant que vous y êtes, trouvez aussi le chiffre le moins présent.

Solution en page 69.

JOYEUX TAMBOUR

Si vous roulez cette figure en forme de cylindre, quel tambour ci-dessous obtiendrez-vous ?

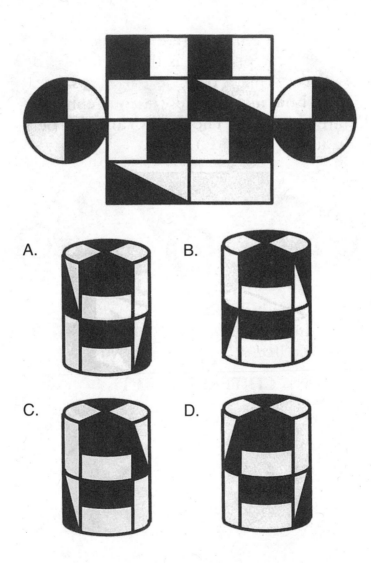

A.

B.

C.

D.

Solution en page 78.

CONSTRUCTION SPATIALE

Les quatre sections cubiques d'une future station spatiale orbitent séparément autour de la Terre. Le problème, c'est que les astronautes chargés de la construction de la station ont oublié d'apporter le plan d'assemblage des quatre cubes. On compte donc sur vous pour déterminer le nombre de structures de quatre cubes possibles. (Les cubes doivent être joints face contre face.)

Solution en page 74.

AU BILLARD

Sept boules de billard sont disposées selon l'arrangement ci-dessous. Pouvez-vous replacer ces boules de façon que la somme des chiffres de toute ligne de trois boules soit égale à douze ?

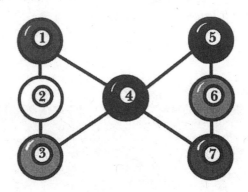

Solution en page 70.

BEAU COUP

La boule de billard frappe le bord de la table à l'endroit indiqué par la flèche. Si elle continue à rouler, dans quelle poche tombera-t-elle ?

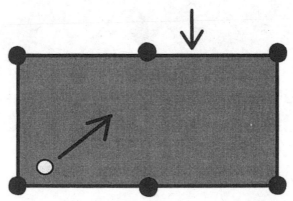

Solution en page 83.

FIN DU MANÈGE

Hélas, la fête est finie! Le parc d'attractions est fermé, et les montagnes russes ont été vendues. Il ne reste plus qu'une section de rail et de structure à déménager. Pour ce faire, il faut diviser la section en deux parties égales. Sauriez-vous comment?

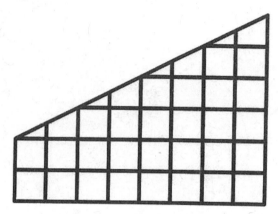

Solution en page 66.

CARRÉS MULTIPLES

Combien de tailles différentes de carrés obtenez-vous en reliant les points de cette grille? Et pendant que vous y êtes, combien de carrés pouvez-vous créer en reliant ces points?

Solution en page 79.

JEU DE CERCLES

Pouvez-vous découvrir la logique appliquée dans la figure suivante ? Bravo ! Utilisez-la pour identifier le nombre à placer au centre du grand cercle.

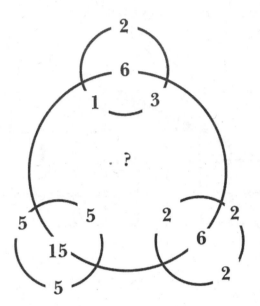

Solution en page 83,

AU SUIVANT

Complétez cette suite.

Solution en page 87.

VENN TENTATIVE

Un diagramme de Venn illustre les relations des choses entre elles. Par exemple, les diagrammes de Venn suivants montrent que : 1) toutes les coccinelles et toutes les mouches sont des insectes; 2) certains mammifères et certains insectes peuvent voler.

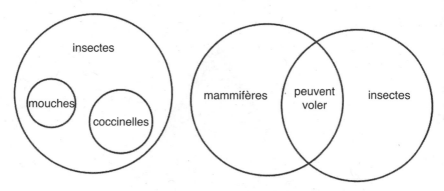

En utilisant ce moyen de communication visuelle, tracez des diagrammes de Venn pour illustrer ce qui suit :

1. Toutes les crèmes glacées sont des produits laitiers, et tous les produits laitiers sont des aliments.

2. Certaines fusées utilisent du carburant liquide, certaines fusées utilisent du carburant solide, et une navette spatiale utilise à la fois du carburant liquide et du carburant solide.

3. Toutes les baleines et tous les chiens ont des poils. Tous les serpents n'ont pas de poils.

Solution en page 86.

ENCORE ET ENCORE

Examinez les six boules placées dans ce triangle de billard. Vous constaterez que la somme des chiffres de toute ligne de trois boules est égale à dix. Pouvez-vous trouver trois autres dispositions de boules donnant une somme égale sur chaque côté du triangle ?

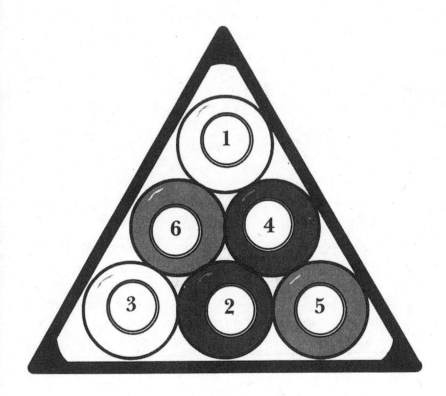

Solution en page 77.

CADRAN CAPRICIEUX

Dans une cabine de pilotage d'avion, la position des instruments permet au pilote de surveiller facilement les indicateurs, afin de détecter tout problème instantanément. Sur le panneau ci-dessous, un cadran présente une anomalie. Pouvez-vous trouver ce cadran rapidement ?

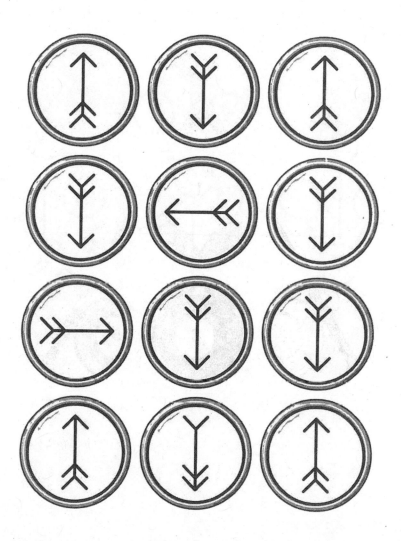

Solution en page 67.

ARBRE NUMÉRIQUE

Mettez le doigt sur la logique d'évolution des feuilles de cet arbre, et appliquez-la pour trouver le nombre manquant de son tronc.

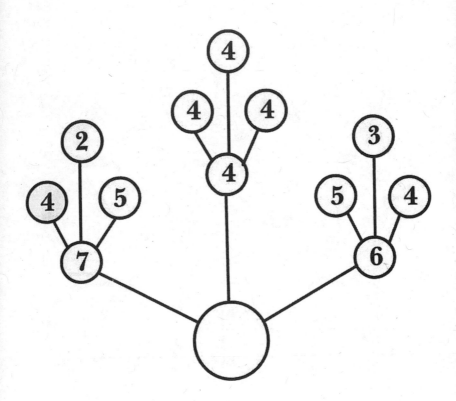

Solution en page 72.

CUBE TRICOLORE

Le cube ci-dessous comporte 27 petits cubes. Si vous le coupez transversalement en trois, vous obtenez trois tranches de 9 cubes. Il s'agit maintenant de colorier chacun de ces cubes. C'est là que les choses se compliquent. Vous devez utiliser trois couleurs, en respectant la règle suivante : chaque rangée ou colonne de trois cubes doit contenir un cube de chaque couleur.

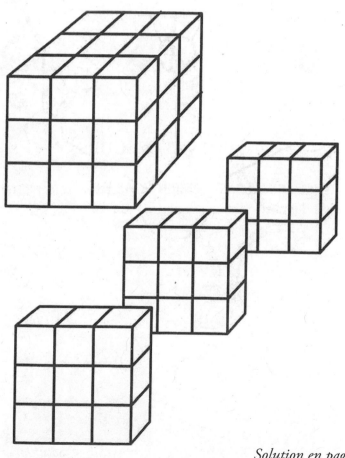

Solution en page 87.

TRIANGLE INFERNAL

Reproduisez ces six figures sur du papier épais, puis découpez-les soigneusement aux ciseaux. Disposez ces formes de façon à obtenir un triangle équilatéral.

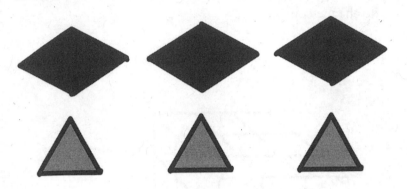

Solution en page 76.

POINTS OBSCURS

Si vous pouviez noircir certains des cercles de cet arrangement, combien de motifs distincts pourriez-vous obtenir ?

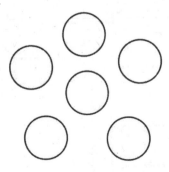

Solution en page 70.

GRILLES EMBOÎTÉES

Trouvez le nombre de façons différentes de diviser cette grille de 4 x 4 cases en deux sections égales. Toutes les « lignes de division » doivent suivre les lignes existantes. Les figures simplement inversées ou obtenues après rotation ne comptent pas.

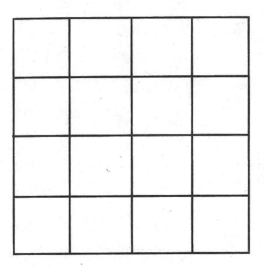

Solution en page 69.

SECRET DES OMBRES

Imaginez une forme pouvant produire plusieurs ombres différentes. Illuminée par en dessous, elle projette une ombre circulaire. Illuminée par le nord, elle projette une ombre rectangulaire. Illuminée par l'est, elle projette une ombre triangulaire.

Quelle est la forme de cet objet ?

Solution en page 83.

ONZE CHANCEUX

En reliant différents ensembles de points, vous devriez être capable de former onze formes triangulaires différentes. Bonne chance !

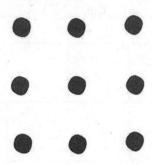

Note : Les différents triangles comprennent quatre paires d'images miroir.

Solution en page 71.

STATIONS SISMIQUES

Les scientifiques utilisent souvent des modèles visuels pour aider à la compréhension et la communication des idées. Bien que le problème suivant soit à l'échelle planétaire, seriez-vous capable de visualiser la situation ?

Les scientifiques élaborent un réseau de stations de surveillance sismiques. Les stations peuvent être construites sur n'importe quelle surface, mais doivent être situées à égale distance les unes des autres. Quel est le nombre maximal de stations équidistantes pouvant être bâties sur la Terre ? Et où seront-elles placées ?

Solution en page 81.

SIPHON SIPHONNÉ

Le fil se détachera. Pour visualiser cette action, partez du tuyau, et tracez son trajet vers la sortie. Après quelques tours, il sort par l'ouverture au bas du labyrinthe.

BLOC BLOQUÉ

E.

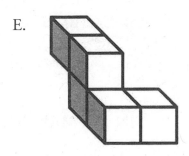

MISE EN BOÎTE

La figure E ne forme pas un cube une fois repliée.

TRAIN-TRAIN FERROVIAIRE

Six. Durant votre trajet, vous croiserez un train toutes les demi-heures. Si vous comptez le train entré en gare de Metropolis, et ne comptez pas celui quittant la gare de Gotham City, vous croiserez six trains.

DISQUE DISLOQUÉ

La réponse est b : elle avance en spirale vers le centre du disque (son déplacement normal). Les deux faces du disque ont une spirale identique. Par conséquent, si les sillons sont alignés, l'aiguille suivra son trajet normal vers le centre du disque.

PAUSE-CAFÉ

125 centilitres (environ la moitié de la cafetière A). La quantité de café pouvant être contenue dans chaque cafetière est déterminée par la hauteur du bec verseur. Le niveau de café ne peut s'élever au-dessus du bec, car l'excédent de liquide déborderait par cette ouverture.

CODE CIRCULAIRE

21. En tournant dans le sens horaire à partir du 3, le nombre de chaque section est égal à la somme des valeurs des deux sections précédentes.

FIN DU MANÈGE

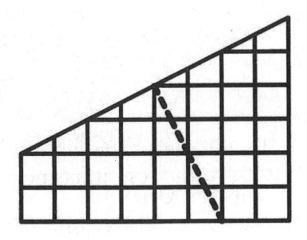

SOLUTIONS

POINTS LIÉS

Onze carrés.

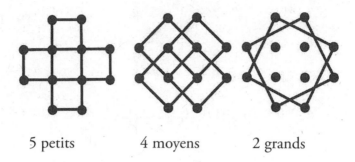

5 petits   4 moyens   2 grands

CUBE CONTROVERSÉ

Cubes A et D.

CADRAN CAPRICIEUX

Le cadran central de la rangée du bas est inhabituel. Contrairement aux autres, sa flèche comporte deux pointes et seulement un aileron.

FACES VISIBLES

Partie I : 22 côtés.
Partie II : 36 côtés.

GRILLE BLANCHE

A	E	G
F	B	I
D	H	C

PLIS REPLIÉS

CUBE DÉSARTICULÉ
Figure D.

TOURNER EN ROND

Non. La disposition des courroies empêche leur rotation.

EN MORCEAUX

Quatre couleurs. Le nombre de bords communs n'a pas d'importance. Le nombre maximal de couleurs nécessaires pour distinguer n'importe quel groupe de morceaux adjacents sera toujours de quatre.

AU DOIGT ET À L'ŒIL

La main au centre de la rangée du bas est différente des autres. C'est la seule main droite du lot.

CARRÉS CACHÉS

Les quinze carrés sont :
Un : 4 x 4 cases;
Deux : 3 x 3 cases;
Quatre : 2 x 2 cases;
Huit : 1 x 1 case.

CHIFFRES EN TÊTE

Le chiffre 1 apparaît 21 fois. Le chiffre 0 apparaît seulement 11 fois.

PROFIL IMPOSSIBLE

C.

Cube non montré →

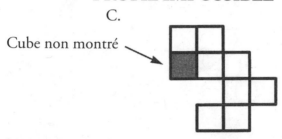

GRILLES EMBOÎTÉES

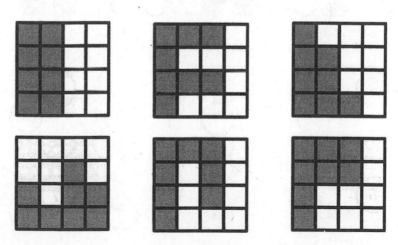

POINTS OBSCURS

Seize motifs distincts.

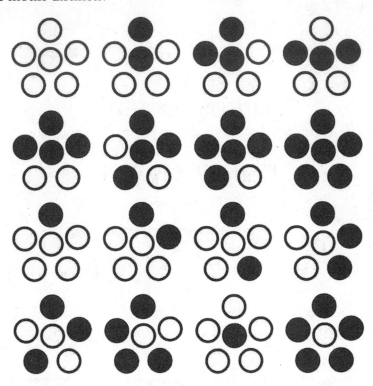

AU BILLARD

Deux solutions sont possibles :

ZÉRO À ZÉRO

B. Voici la raison :

ONZE CHANCEUX

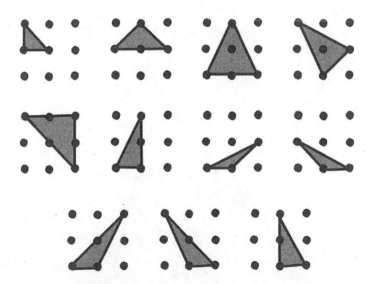

ARBRE NUMÉRIQUE

9. Dans chacun des trois groupes de cercles, le nombre du cercle inférieur est égal à la somme des valeurs des deux cercles en diagonale, moins la valeur du cercle supérieur. Par conséquent, le nombre manquant du grand cercle est : 7 + 6 – 4 = 9.

ANNEAUX DÉSUNIS

Ouvrez simplement l'anneau du bas; les deux du haut ne sont pas attachés ensemble.

MIROIR, MIROIR

DIVISION STELLAIRE

SEIZE EN SIX

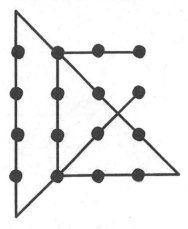

MAUVAISES NOTES

G est l'image miroir des autres paires de notes. Toutes les autres paires sont la même figure tournée dans tous les sens.

POUPÉE RUSSE

La pile aura une hauteur d'environ 60 centimètres. Bien que le nombre de poupées soit infini, la taille de chaque poupée diminue successivement de moitié. Mathématiquement, 30 cm + 15 cm + 7,5 cm + 3,75 cm + 1,875 cm + 0,9375 cm, etc. donne environ 60 cm.

SOLUTIONS

EN AVANT, MARCHE !

Partie I   Partie II

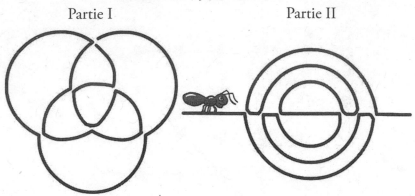

CONSTRUCTION SPATIALE

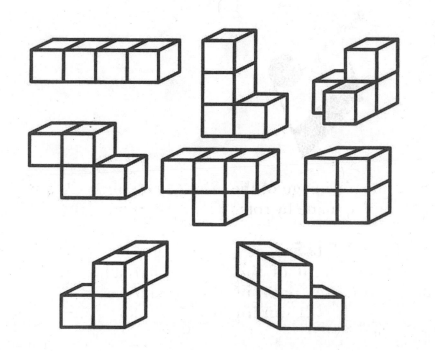

AU BÛCHER

Crayon no 7.

PENTAGONE MORCELÉ

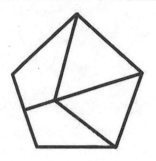

PLIS DU PHARAON

B est la seule figure produisant une pyramide à quatre faces triangulaires.

POINTES EN ROND

PIZZA GARNIE

Sept rondelles.

CHEMIN POINTÉ

D. Chaque carré tourne de un quart de tour par rapport au précédent.

PRÉFABRIQUÉ 4

C.

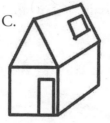

TRIANGLE INFERNAL

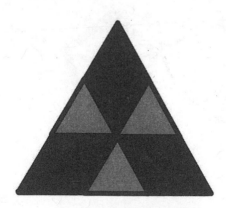

PAGES ENVOLÉES

Le journal contenait 56 pages. Voici les numéros que porte chaque double.

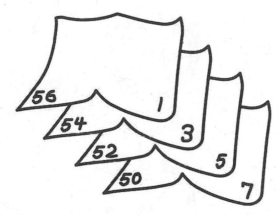

ENCORE ET ENCORE

Onze

Douze

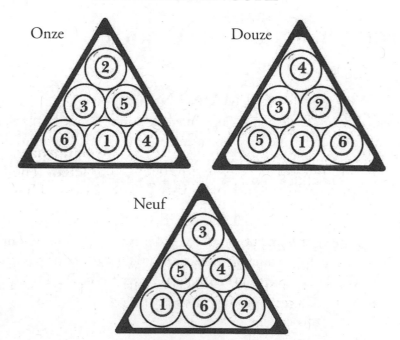

Neuf

RÉFLEXION TEMPORELLE
Partie I
IV

Partie II
III

JOYEUX TAMBOUR

D.

DE MAIN EN MAIN

Quinze poignées de main. La première personne donne cinq poignées de main; la deuxième personne n'en donne que quatre, puisqu'elle en a déjà reçu une; la troisième personne n'en donne que trois; et ainsi de suite. On obtient ainsi : 5 + 4 + 3 + 2 + 1 = 15.

À PLEINES DENTS

Puisqu'elles ont le même nombre de dents, A et D tourneront à la même vitesse. C n'a aucune incidence sur la fréquence de passage des dents; elle ne fait que transmettre le mouvement de B à D.

DIVISION PLANÉTAIRE

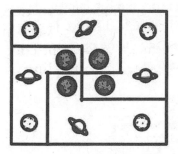 ou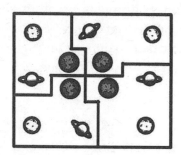

CARRÉS MULTIPLES

Cinq tailles :

Vingt carrés.

BASKET À SON PIED

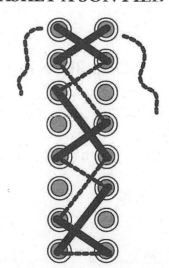

ÉVASION SPATIALE

Non. Pour mieux visualiser son trajet, déplions le cube à plat. À partir de ce diagramme, vous pouvez voir que la distance la plus courte entre deux points est une ligne droite. Cette ligne ne coïncide pas avec le trajet projeté (indiqué en pointillés).

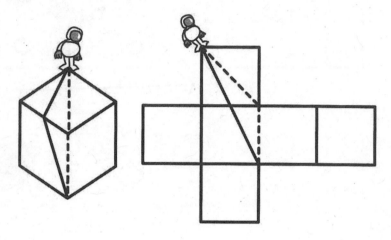

PAIRE NÉBULEUSE

Paire F. Toutes les cinq autres sont identiques. F est une image miroir de ces paires.

BONS POINTS

Partie I

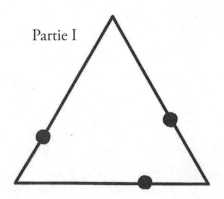

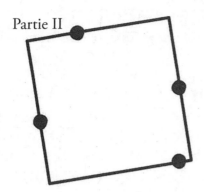

Partie II

CARRÉ PARFAIT

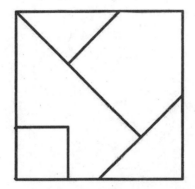

STATIONS SISMIQUES

Quatre stations. Chaque station est placée à un coin d'une pyramide à quatre faces (tétraèdre) qui s'inscrit à l'intérieur de la planète.

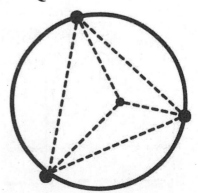

ENGRENAGE CARRÉ

Le carré denté du bas tournera comme si les deux carrés étaient des roues dentées circulaires.

PAUSE RÉFLEXION

Dix-huit, mais vous n'avez pas à tracer chacun d'eux. À partir de la case départ, commencez par déterminer le nombre de chemins pouvant mener à une intersection. Le nombre de chemins de chaque intersection successive est égal à la somme des chemins qui y sont « attachés ».

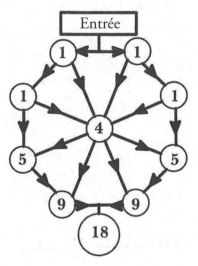

VALEURS AJOUTÉES

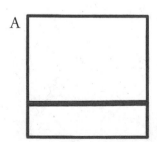

BEAU COUP

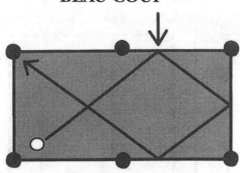

SECRET DES OMBRES

Il s'agit d'un cylindre dont on a découpé deux segments triangulaires, partant du sommet, et descendant vers les deux bords opposés de la base, pour obtenir la forme ci-contre.

JEU DE CERCLES

27. Le nombre au centre de tout cercle est égal à la somme des trois nombres périphériques.

COUP PAR COUP

Quarante-neuf coups. L'ordre et la stratégie employés pour joindre les morceaux ne changent pas le nombre de coups. Cinquante morceaux nécessitent quarante-neuf « manœuvres » d'assemblage distinctes.

MINUTE DE VÉRITÉ

Découpez une section en L, et tournez l'autre morceau en orientant le point vers le centre.

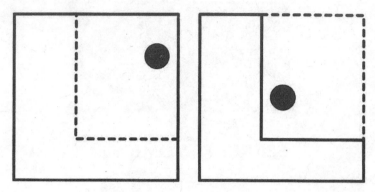

VERS LE HAUT

La cinquième flèche est « formée » à l'intérieur de cet arrangement.

ENTRE LES DENTS

Partie I

Partie II

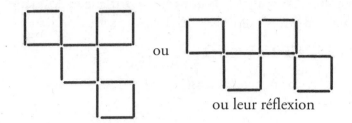

ou

ou leur réflexion

Partie III

Partie IV

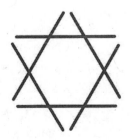

SOLUTIONS

TRIANGULATION

27 triangles : 16 triangles de une cellule, 7 triangles de quatre cellules, 3 triangles de trois cellules et 1 triangle de seize cellules.

PÂTE LIÉE

Un nœud se formera dans le spaghetti.

VENN TENTATIVE

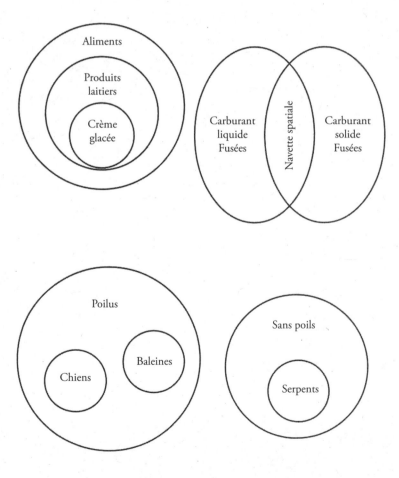

CUBE TRICOLORE

ROUE ENDIABLÉE

Dans la paire supérieure, la grande roue tournera exactement de la même façon que la petite roue. Dans la paire inférieure, la grande roue tournera d'abord dans le sens horaire; puis, avant d'avoir effectué une rotation complète, elle inversera sa direction.

AU SUIVANT

10. La suite est formée d'abord en doublant un nombre, puis en soustrayant 1 du produit :

2; (2x2 =) 4; (4-1=) 3; (3x2 =) 6; (6-1=) 5; (5x2=) 10

SIGNES EFFACÉS

$$5 \boxed{\times} 2 \boxed{-} 3 \boxed{+} 5 \boxed{\div} 4 = 3$$

FIGURE DÉFIGURÉE

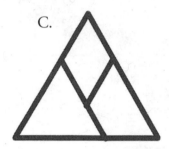

C.

MÉTAMORPHOSE

La coupe doit diviser le cube en deux parties égales selon l'illustration ci-dessous. La surface interne exposée est plate et a la forme d'un hexagone.

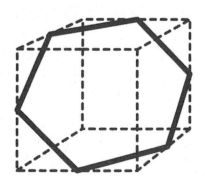

INDEX

Découvrez
un aperçu du livre
Énigmes de pensée latérale
paru dans la même collection.

TABLE DES MATIÈRES

LES PROBLÈMES

1. Problèmes croustillants

1.1 Un conte de poisson rouge

Une vieille dame avait un poisson rouge qu'elle aimait tendrement. Un jour, elle remarqua qu'il nageait faiblement dans son bol; son précieux poisson semblait bien mal en point. Elle l'emmena aussitôt chez le vétérinaire, qui lui demanda de revenir dans une heure. Lorsqu'elle revint, elle trouva le poisson rouge nageant vivement et semblant avoir recouvré la santé. Comment le vétérinaire a-t-il réussi cet exploit?

1.2 La passagère égarée

Agnelle avait quatre ans, et ses deux parents étaient morts. Sa gardienne la mit dans un train pour qu'elle aille dans une nouvelle maison à la campagne. Comme la petite ne pouvait ni lire, ni écrire, ni se souvenir de l'adresse, on lui fit porter au cou une grosse étiquette attachée à un fil, indiquant clairement son nom et sa destination. Malgré les plus grands efforts et la gentillesse du personnel du train, la petite n'arriva jamais à sa nouvelle demeure. Pourquoi?

1.3 Le livre

Une femme s'avança vers un homme assis derrière un comptoir et lui tendit un livre. L'homme regarda l'ouvrage et dit : « Cela fait quatre dollars. » La femme paya et s'éloigna sans prendre le livre. L'homme la vit partir les mains vides, mais il ne la rappela pas. Pourquoi ?

1.4 Un problème masculin

Comment se fait-il que les cheveux des hommes grisonnent généralement avant la moustache ?

1.5 Les oiseaux

Deux naturalistes marchaient en campagne. Tous deux étaient de fervents défenseurs de l'environnement et de la préservation de la faune et de la flore. L'un dit à l'autre : « Quel coup impressionnant ! Tu ne l'as pas raté ce petit oiseau. » L'autre lui répondit : « Et toi, tu ne l'as pas manqué non plus ton beau rapace. » De quoi parlaient-ils ?

1.6 Aveuglement soudain

Un homme buvait une tasse de thé quand il perdit soudainement la vue. Comment ?

1.7 Compte à rebours

Un homme fit une malencontreuse erreur en comptant. Un peu plus tard, il ressentit une vive douleur dans le dos. Pourquoi ?

1.8 Météorologie trompeuse

Jean regardait la télévision. La météorologie suivait les informations de minuit : « Il pleut en ce moment, et la pluie persistera durant les deux prochains jours. Toutefois, dans 72 heures, le ciel sera dégagé et ensoleillé. » Jean grogna : « Ils se trompent encore ! » Il avait raison, mais comment pouvait-il le savoir ?

1.9 Sans est ni ouest

On sait qu'au pôle Nord il est impossible de regarder vers le nord et, au pôle Sud, de regarder vers le sud. Alors, à quel endroit du monde seriez-vous si vous pouviez regarder vers le nord et vers le sud, mais pas vers l'est ou vers l'ouest ?

1.10 Le camionneur

Une fois, un policier vit clairement un camionneur prendre une rue en sens interdit, mais il ne tenta pas de l'arrêter. Pourquoi ?

1.11 Montagnes droit devant !

Vous êtes assis à côté du pilote d'un petit avion, à une altitude de 1 609 mètres. D'immenses montagnes se dressent droit devant. Le pilote ne change ni de vitesse, ni de direction, ni d'altitude, pourtant vous survivez. Comment est-ce possible ?

1.12 Un baptême insolite

Durant un baptême, la marraine de l'enfant se jeta brusquement sur le prêtre qui procédait à la célébration, le renversa et l'envoya rouler sur le sol. Pourquoi agissait-elle ainsi ?

1.13 Planches de salut

Un homme souhaite atteindre un îlot au centre d'un lac ornemental sans se mouiller. L'îlot se trouve à 6 mètres de chaque bord du lac (voir illustration), et l'homme dispose de deux planches de 5,8 mètres chacune. Comment peut-il s'y prendre ?

1.14 Marcher et courir

Deux hommes étaient de fervents sportifs. Un soir à 18 heures, l'un d'eux se mit à marcher à 6 km/h et l'autre, à pédaler à 18 km/h. Après une demi-heure, les deux s'arrêtèrent. Puis chacun courut pendant 15 minutes à 12 km/h. En partant du même point A, les deux sportifs arrivèrent au point B simultanément. Pendant ces trois quarts d'heure, tous deux avaient suivi la même direction, sans changer de route ni faire de pause. Comment était-ce possible et quelle distance séparait A et B ?

1.15 Cloches d'église I

Un détective se prélassait dans son lit un dimanche matin, en écoutant les cloches de l'église locale carillonner. Soudain, il réalisa qu'il s'agissait d'un enregistrement. Comment le savait-il ?

1.16 Cloches d'église II

Une nuit, le pasteur remarqua que la vieille horloge du clocher de l'église sonnait treize coups à minuit. La même chose se reproduisit la nuit suivante. Il fit donc vérifier le mécanisme, qui s'avéra en parfait état. Pourtant, l'horloge sonna treize coups de nouveau cette nuit-là. Pourquoi ?

1.17 Un ouvrage populaire

Lorsque ce livre fut publié pour la première fois, seule une poignée de personnes très riches l'ont lu. Aujourd'hui, presque tout le monde en a un exemplaire et le lit souvent. Toutefois, on ne peut pas l'acheter en librairie ni l'emprunter à la bibliothèque. Quel est-il ?

1.18 Problème fluvial I

Un jour, un homme arriva au bord d'une rivière avec un renard, un canard et un sac de maïs. Il y avait un bateau sur lequel il pouvait embarquer. Cependant, il n'avait droit qu'à un « bagage » par traversée. Il ne pouvait laisser le renard seul avec le canard ou le canard seul avec le maïs. Comment parvint-il à transporter les trois sur l'autre rive ?

1.19 Problème fluvial II

Un autre jour, l'homme arriva à la rivière avec un renard, un canard et un sac de maïs. Mais cette fois, il s'agissait d'un renard mangeur de canards et de maïs. Il y avait le même bateau sur lequel il ne pouvait toujours embarquer qu'un seul bagage. Il ne pouvait laisser le renard seul avec le maïs ou le canard ni, bien sûr, le maïs seul avec le canard qui l'aurait volontiers dévoré. Comment l'homme parvint-il à faire traverser les trois sur l'autre rive ?

1.20 Problème fluvial III

Un homme désire traverser la rivière large et profonde illustrée ci-dessous. Il n'y a ni pont ni bateau, et il ne sait pas nager. Comment réussit-il à traverser ?

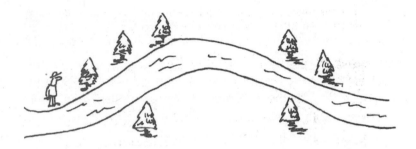

1.21 Bill et Ben

Bill et Ben sont des jumeaux identiques. Ils se ressemblent beaucoup physiquement et sont en pleine forme. Tous deux sont de bons coureurs; ils sont aussi rapides l'un que l'autre. Chacun fait une course contre la montre sur le même parcours et dans les mêmes conditions. Pourtant, Ben met 10 fois plus de temps que Bill pour franchir la ligne d'arrivée. Pourquoi ?

1.22 La brique manquante

Remarque : Ce problème et le suivant sont le fruit du même esprit cruel et retors.

Un jeune couple inspectait une maison qu'il avait l'intention d'acheter. Au milieu du plancher de la cuisine, les conjoints trouvèrent une brique. Ni l'agent immobilier ni l'entrepreneur ne savaient pourquoi cette brique était là. Ils firent donc appel à l'architecte. Celui-ci ramassa la brique, sortit de la maison et la lança dans les airs. Après quoi, la brique disparut de la vue de tous. Que se passait-il ?

1.23 Un vol étrange

Il y a quelques années, un petit avion volait d'Albany à New York. À son bord étaient assis côte à côte un vieil homme grincheux, qui fumait une pipe bourrée de tabac infect, et une vieille dame grincheuse, qui tenait sur ses genoux un canard criard. Chacun passait son temps à se plaindre de l'autre. Finalement, ils arrivèrent à un compromis. Le vieil homme accepta de jeter sa pipe par le hublot si la vieille dame en faisait autant avec son canard. C'est ce qu'ils firent. Peu avant l'atterrissage, la dame vit avec ravissement son canard voler le long de l'avion. Qu'avait le canard dans son bec ?

2. PROBLÈMES INTRIGANTS

2.1 La collection de timbres
Un féru de philatélie s'était spécialisé dans les timbres américains. Dans les petites annonces, il trouva une collection complète de vieux timbres américains à vendre à une fraction de sa valeur. Il l'acheta aussitôt. Malgré l'authenticité et la splendeur de la collection, et malgré la bonne affaire, le collectionneur était furieux, mécontent. Que se passait-il?

2.2 Comportement ovin
Par un jour froid d'hiver, des automobilistes virent affluer sur la route des moutons provenant des champs avoisinants. Il n'y avait pas de neige et la chaussée n'était pas plus chaude que la terre. Pourtant, chaque fois qu'on les reconduisait aux champs, les moutons revenaient aussitôt sur la route. Pourquoi?

2.3 La partie de tennis
Pierre paria une bonne somme avec Paul qu'il le battrait à une partie de tennis. Paul releva le pari, et remporta facilement la première manche (6 à 1). Pierre proposa alors de multiplier l'enjeu par 10. Paul accepta immédiatement, mais perdit les deux manches suivantes (6 à 1 et 6 à 1). Tout au long de la partie, Pierre joua avec intensité, sans jamais gaspiller un point. Comment est-il parvenu à battre subitement Paul aussi radicalement?

2.4 Encerclé
Un homme qui essayait d'échapper à la police s'était réfugié dans un théâtre rempli de monde. Soudain, il aperçut des détectives qui s'approchaient de tous côtés et d'autres qui bloquaient les sorties. Comment parvint-il à s'enfuir?

2.5 Le banquier
Bernard était président d'une grande banque de Wall Street. Ce matin-là, l'inquiétude se lisait sur son visage tandis qu'il montait dans un train bondé. Le train s'arrêta, et il débarqua en se sentant très mal, mais plus du tout inquiet. Pourquoi?

2.6 Un curieux endroit
Si vous aimiez cet endroit, vous préféreriez y rester un jour plutôt que un an; mais si vous le détestiez, vous préféreriez y rester un an plutôt que un jour. Pourquoi?

2.7 La lettre de grand-mère
Un garçon en pensionnat était à court d'argent. Il écrivit donc à sa grand-mère pour lui demander une petite contribution. En réponse, il reçut une lettre contenant un long discours sur l'aspect néfaste des prodigalités, mais aucune forme d'argent. Néanmoins, le garçon était très content. Pourquoi?

2.8 Le vol du portefeuille
Durant la réception de mariage, le père de la mariée s'aperçut que son portefeuille avait disparu. Comment parvint-il à retrouver le voleur?

2.9 La rallonge gratuite
Un homme se rendit chez un entrepreneur, à qui il présenta les plans d'une rallonge pour sa maison. Ils ne s'étaient encore jamais rencontrés, mais l'entrepreneur accepta de bâtir la rallonge gratuitement. Pourquoi?

2.10 La traversée
Pendant la guerre, une armée devait traverser une large rivière. Il n'y avait aucun bateau, et seulement un pont très étroit. En empruntant ce pont, les soldats seraient des cibles faciles pour l'ennemi. Comment l'armée entière parvint-elle à traverser la rivière en relative sécurité?

2.11 Sept ans d'abstinence
En creusant un jardin, une femme déterra une grande boîte métallique remplie d'argent et de bijoux. Pendant sept ans, elle ne toucha pas à l'argent et ne révéla sa découverte à personne. Puis, tout à coup, elle acheta une nouvelle maison, une nouvelle voiture et un manteau de fourrure. Comment cela se faisait-il?

LES INDICES

1. Problèmes croustillants

1.1 Un conte de poisson rouge

Q : Le vétérinaire a-t-il changé l'eau ?
R : Non.

Q : A-t-il donné au poisson un médicament, de la nourriture ou un fortifiant ?
R : Non.

Q : La femme possédait-elle le poisson rouge depuis longtemps ?
R : Oui.

1.2 La passagère égarée

Q : Agnelle a-t-elle été battue ou enlevée par quelqu'un ?
R : Non.

Q : L'étiquette a-t-elle été retirée d'une façon ou d'une autre ?
R : Oui.

Q : Agnelle était-elle une petite fille ?
R : Non.

Q : Agnelle a-t-elle détruit l'étiquette ?
R : Oui. (Elle l'a mangée !)

1.3 Le livre

Q : Était-il surpris qu'elle parte sans le livre ?
R : Non.

Q : A-t-elle payé pour acheter le livre ?
R : Non.

Q : Quand elle lui a donné l'argent, a-t-elle reçu quelque chose en retour ?
R : Non, pas vraiment, mais elle était assez contente de payer.

1.4 Un problème masculin

Q : Y a-t-il un lien avec la façon dont les cheveux sont coupés, peignés, lavés ou traités ?
R : Non.

Q : Y a-t-il un lien avec la façon dont on mange, boit ou parle ?
R : Non.

Q : Y a-t-il un lien avec le temps ?
R : Oui.

1.5 Les oiseaux

Q : Ont-ils chacun frappé physiquement quelque chose ?
R : Oui.

Q : Ont-ils frappé des créatures mortes ou vivantes ?
R : Non, ni l'un ni l'autre.

Q : Le rapace était-il un aigle ?
R : Oui.

1.6 Aveuglement soudain

Q : Y a-t-il eu une lueur soudaine ou un phénomène externe quelconque ?
R : Non.

Q : L'homme était-il physiquement normal ?
R : Oui.

Q : A-t-il reçu quelque chose dans les yeux ?
R : Oui.

Q : Était-ce parce qu'il buvait sa tasse de thé ?
R : Oui.

1.7 Compte à rebours

Q : Comptait-il dans le cadre d'un travail qu'il faisait ?
R : Oui.

Q : Y avait-il quelqu'un d'autre avec lui ?
R : Non.

Q : Cela pourrait-il arriver à une femme ?
R : Probablement pas.

Q : La douleur était-elle causée par un objet métallique pointu ?
R : Oui.

1.8 Météorologie trompeuse

Q : Jean était-il un genre d'expert en météorologie ?
R : Non.

Q : Avait-il une connaissance ou une intuition particulières de l'avenir ?
R : Non.

Q : Y a-t-il un lien avec le temps ?
R : Oui.

1.9 Sans est ni ouest

Q : Y a-t-il un endroit où il serait impossible de regarder vers l'est ou vers l'ouest ?
R : Oui.

Q : Est-ce parce que l'est et l'ouest ne signifient rien à cet endroit ?
R : Oui.

Q : Quelqu'un est-il déjà allé à cet endroit ?
R : Non.

1.10 Le camionneur

Q : Le policier et le camionneur savaient-ils qu'il était contraire à la loi de conduire en sens interdit ?
R : Oui.

Q : Y avait-il une urgence quelconque justifiant l'un ou l'autre de leurs agissements ?
R : Non.

Q : Le policier aurait-il dû intervenir ?
R : Non.

Q : Le camionneur commettait-il une infraction ?
R : Non.

1.11 Montagnes droit devant !

Q : Le pilote avait-il le contrôle de l'avion du début à la fin ?
R : Oui.

Q : Y a-t-il un tunnel ou un trou ou un autre moyen de traverser les montagnes ?
R : Non.

Q : Étiez-vous en danger à un moment ou à un autre ?
R : Non.

Q : Avez-vous volé au-dessus, autour ou au-delà des montagnes ?
R : Non.

1.12 Un baptême insolite

Q : Le baptême était-il célébré par un prêtre normal ?
R : Oui.

Q : La marraine avait-elle une bonne raison d'agir de la sorte ?
R : Oui.

Q : Était-ce pour protéger ou aider le bébé ?
R : Non.

1.13 Planches de salut

Le problème est si facile qu'aucun indice ne devrait être nécessaire. Toutefois, on peut dire qu'il n'a utilisé aucun autre équipement ou contrepoids. Il a simplement disposé les planches d'une certaine façon.

1.14 Marcher et courir

Q : Les sportifs se sont-ils déplacés en rond ?
R : Non. Ils sont allés en ligne droite de A à B.

Q : Ont-ils fait des pas à reculons, sur le côté, en montant ou en descendant ?
R : Non.

Q : Ont-ils parcouru exactement la même distance ?
R : Oui.

Q : Était-ce un vélo ordinaire ?
R : Non.

1.15 Cloches d'église I

Q : Était-ce le son des cloches qui lui a indiqué que c'était un enregistrement ?
R : Oui.

Q : Y avait-il un lien avec le nombre de coups sonnés ?
R : Non.

Q : A-t-il entendu des bruits qui n'auraient pas dû être là ?
R : Non.

Q : Était-ce l'absence de quelque chose qu'il aurait dû entendre ?
R : Oui.

1.16 Cloches d'église II

Q : A-t-elle sonné treize coups à midi ?
R : Non. Elle en a sonné douze.

Q : Était-ce à cause d'un oiseau, d'une chauve-souris ou d'un insecte ?
R : Non.

Q : Le treizième coup résulte-t-il d'une intervention humaine ?
R : Oui.

1.17 Un ouvrage populaire

Q : Les gens le lisent-ils fréquemment ?
R : Oui.

Q : Les gens le lisent-ils du début à la fin ?
R : Non.

Q : Contient-il beaucoup d'informations utiles ?
R : Oui.

1.18 Problème fluvial I

Voici un problème éculé qui se résout en laissant des choses, en prenant des choses et en revenant pour d'autres choses. En jonglant avec les possibilités, vous arriverez vite à la solution. Ce problème n'est qu'un avant-goût de ce que vous réserve le suivant.

1.19 Problème fluvial II

Cette fois, utilisez davantage la pensée latérale. L'homme et ses trois bagages se sont bien rendus sur l'autre rive. À aucun moment il n'a laissé le renard seul avec le canard ou le maïs, ni le canard seul avec le maïs. Pourtant, le bateau ne pouvait transporter que l'homme et un de ses bagages à chaque traversée.

1.20 Problème fluvial III

L'homme utilise une corde. Mais comment ?

1.21 Bill et Ben

Q : Bill court-il exactement à la même vitesse que Ben ?
R : Oui.

Q : Ont-ils tous les deux commencé et fini aux mêmes endroits ?
R : Oui.

Q : Ben a-t-il couru plus loin que Bill ?
R : Oui.

Q : La course est-elle d'une certaine manière plus difficile pour Ben ?
R : Oui.

Q : Est-ce une piste de course normale ?
R : Non.

1.22 La brique manquante

Q : Dans la résolution du problème, la maison, la brique, le couple ou les gens présents ont-ils une importance ?
R : Non.

Q : Ce qui est arrivé avant le lancer de la brique a-t-il une importance ?
R : Non.

Q : Ce qui est arrivé après le lancer de la brique a-t-il une importance ?
R : Oui.

1.23 Un vol étrange

Q : Le canard avait-il la pipe dans sa bouche ?
R : Non.

Q : Le canard avait-il autre chose dans sa bouche ?
R : Oui.

Q : Le vieil homme, la vieille dame ou l'avion ont-ils une importance ?
R : Non.

Q : Ce qui est arrivé avant a-t-il une importance ?
R : Oui.

2. PROBLÈMES INTRIGANTS

2.1 La collection de timbres

Q : A-t-il reconnu la collection ?
R : Oui.

Q : Était-ce vraiment une collection de grande valeur ?
R : Oui.

Q : L'avait-il vendue ou donnée auparavant ?
R : Non.

Q : A-t-il déjà possédé tous les timbres de cette collection ?
R : Oui.

Q : Donc, il les a maintenant en double ?
R : Non.

2.2 Comportement ovin

Q : Les moutons allaient-ils sur la route pour se réchauffer ou pour être mieux protégés que dans les champs ?
R : Non.

Q : Y avait-il quelque chose qui les attirait sur la route ?
R : Oui.

Q : Cela se produisait-il seulement par temps très froid ?
R : Oui.

2.3 La partie de tennis

Q : Ont-ils utilisé les mêmes court, filet, balles et raquettes pendant les trois manches ?
R : Oui. Il n'y a eu aucun changement d'environnement ou d'équipement.

Q : Était-ce parce que le jeu de Pierre s'améliorait ou que celui de Paul se détériorait ?
R : Le jeu de Pierre s'était amélioré; celui de Paul était resté le même.

Q : Pierre donnait-il l'impression d'avoir joué de son mieux durant la première manche ?
R : Oui.

Q : Pierre a-t-il fait quelque chose permettant l'amélioration spectaculaire de son jeu ?
R : Oui.

2.4 Encerclé

Q : Les détectives l'ont-ils vu ? Et avaient-ils l'intention de l'arrêter ?
R : Oui.

Q : S'est-il enfui en traversant la scène ?
R : Non.

Q : S'est-il servi des spectateurs pour l'aider à s'enfuir ?
R : Oui.

2.5 Le banquier

Q : Bernard était-il inquiet au sujet des affaires ?
R : Non.

Q : Était-il inquiet pour sa sécurité ?
R : Oui.

Q : Un enlèvement, un vol ou une activité criminelle étaient-ils la cause de son inquiétude ?
R : Non.

Q : Était-il habituellement inquiet dans un train ?
R : Non. Il le prenait chaque jour pour se rendre au travail.

Q : Était-il accompagné ?
R : Oui, par son neveu.

Q : Le neveu était-il inquiet ?
R : Non. Il était heureux.

2.6 Un curieux endroit

Q : Est-ce une ville ou un édifice ?
R : Non.

Q : Est-ce un endroit réel ou imaginaire ?
R : Un endroit réel.

Q : Est-ce un endroit agréable ?
R : Non.

Q : Est-ce un endroit dangereux ?
R : Oui (mais c'est sans importance).

Q : Quelqu'un y est-il déjà allé ?
R : Non.

2.7 La lettre de grand-mère

Q : Le timbre sur l'enveloppe avait-il de la valeur ?
R : Non.

Q : Y avait-il quelque chose de valeur dans l'enveloppe ?
R : Oui.

Q : Était-il content parce qu'il a eu de l'argent d'une façon ou d'une autre ?
R : Oui.

2.8 Le vol du portefeuille

Q : A-t-il demandé à tous les gens de vider leurs poches ?
R : Non.

Q : Y avait-il un lien avec le contenu de son portefeuille ?
R : Non.

Q : A-t-il découvert le coupable immédiatement ou plus tard ?
R : Quelque temps plus tard.

2.9 La rallonge gratuite

Q : L'entrepreneur a-t-il tiré un quelconque profit ?
R : Oui. Assurément.

Q : Les deux hommes avaient-ils un lien de parenté ou d'affaires ?
R : Non.

Q : Par la suite, le client a-t-il rendu un service, donné une récompense ou remis un paiement à l'entrepreneur ?
R : Non.

Q : Le client était-il une personne célèbre ?
R : Oui.

2.10 La traversée

Q : Ont-ils traversé de nuit ?
R : Non.

Q : Ont-ils utilisé le pont ?
R : Non.

Q : Ont-ils traversé à la nage ?
R : Non.

Q : Sont-ils entrés en contact avec l'eau ?
R : Oui.

2.11 Sept ans d'abstinence

Q : La femme a-t-elle attendu pour éviter de se faire remarquer par la police ou des criminels ?
R : Non.

Q : L'argent et les bijoux ont-ils été volés ?
R : Oui (mais c'est sans importance).

Q : Aurait-elle voulu dépenser l'argent plus tôt ?
R : Oui !

Q : Était-ce à cause d'un empêchement physique qu'elle n'a pas dépensé l'argent ?
R : Oui.

Q : Était-elle en prison ?
R : Non.

SOLUTIONS

1. PROBLÈMES CROUSTILLANTS

1.1 Un conte de poisson rouge
Le vétérinaire a vu que le poisson rouge était en train de mourir de vieillesse. Alors, pour épargner toute peine à la vieille dame, il a couru acheter un jeune poisson identique et a jeté le vieux.

1.2 La passagère égarée
Agnelle, comme son nom l'indique, était une jeune brebis. Elle a mangé son étiquette, et personne ne savait où elle devait aller.

1.3 Le livre
Elle rapportait un livre en retard à la bibliothèque.

1.4 Un problème masculin
Les cheveux d'un homme sont généralement d'au moins vingt ans plus vieux que sa moustache. (Il n'est pas sûr que cette solution soit biologiquement correcte, mais elle a une certaine plausibilité.)

1.5 Les oiseaux
Ils étaient deux golfeurs. Dans le langage du golf, l'un avait réussi un « oiselet » (un coup de moins que la normale) et l'autre, un « aigle » (deux coups de moins que la normale).

1.6 Aveuglement soudain

Il avait laissé sa cuillère dans sa tasse de thé. En levant sa tasse pour boire, il a reçu le manche de la cuillère dans l'œil, ce qui l'a rendu temporairement aveugle.

1.7 Compte à rebours
L'homme comptait les épingles à mesure qu'il les retirait d'une chemise neuve. Malheureusement, il en a sauté une.

1.8 Météorologie trompeuse
Dans 72 heures, il serait de nouveau minuit; par conséquent, le ciel ne pourrait être « dégagé et ensoleillé ».

1.9 Sans est ni ouest
Au centre exact de la Terre, il serait possible de regarder vers le nord ou le sud, mais impossible de regarder vers l'est ou vers l'ouest.

1.10 Le camionneur
Le camionneur marchait.

1.11 Montagnes droit devant !
L'avion était au sol à l'aéroport de Denver, au Colorado (l'altitude de cet aéroport est de 1 609 m).

1.12 Un baptême insolite
Le surplis du prêtre a pris feu en touchant l'un des cierges.

1.13 Planches de salut
Il dispose les planches selon le plan ci-dessous.

1.14 Marcher et courir
Les deux fervents sportifs ont commencé à leur centre de culture physique, l'un sur un vélo stationnaire et l'autre, sur un tapis de marche. Après une demi-heure d'exercice en salle, ils sont allés courir à l'extérieur. La distance de A à B est de 3 kilomètres.

1.15 Cloches d'église I
Le dernier carillonnement a fini abruptement et sans la réverbération des précédents.

1.16 Cloches d'église II
Un farceur vivait dans une maison près de l'église. Chaque nuit, il prenait son fusil muni d'un silencieux et tirait une balle sur la cloche après le douzième coup.

1.17 Un ouvrage populaire
C'est un annuaire téléphonique.

1.18 Problème fluvial I
L'homme a d'abord fait traverser le canard de la rive A à la rive B, puis il est allé chercher le renard. Il a laissé le renard sur la rive B, et est reparti avec le canard. Il a déposé le canard sur la rive A, puis il est retourné sur la rive B avec le sac de maïs. Finalement, il est revenu sur la rive A, et a transporté le canard sur la rive B. Élémentaire, n'est-ce pas?

1.19 Problème fluvial II
L'homme a attaché le canard au bout d'une corde à l'arrière du bateau. Le canard a nagé derrière le bateau pendant qu'il faisait traverser successivement le renard et le maïs.

1.20 Problème fluvial III
Il tend une longue corde du point A au point B (voir illustration).

1.21 Bill et Ben
Bill et Ben sont des rats de laboratoire. Bill a déjà couru plusieurs fois dans ce labyrinthe et sait comment en sortir rapidement. Contrairement à Bill, Ben fait ce parcours pour la première fois, ce qui lui prend 10 fois plus de temps.

1.22 La brique manquante
Un canard a attrapé la brique dans son bec et s'est envolé avec !

1.23 Un vol étrange
Le canard avait une brique dans son bec (voir le problème précédent) ! Les deux derniers problèmes sont des problèmes réciproques – chacun comporte la solution de l'autre.

2. PROBLÈMES INTRIGANTS

2.1 La collection de timbres
L'homme avait récemment quitté sa femme pour aller vivre avec sa maîtresse. Sa femme s'était alors vengée en mettant en vente sa précieuse collection de timbres. Il a donc vite acheté ses propres timbres pour empêcher quelqu'un d'autre de le faire.

2.2 Comportement ovin
Les moutons allaient sur la route car ils aimaient manger le sel qui était répandu sur la chaussée contre le gel.

2.3 La partie de tennis
Pierre était ambidextre au tennis, mais il jouait mieux de la main gauche. Il a commencé à jouer de la main droite, puis a changé de main après la première manche.

2.4 Encerclé
Le fugitif s'est levé et a crié : « Au feu ! » La panique s'est emparée de la foule qui s'est précipitée vers les sorties. Profitant de la confusion générale, il a pu s'enfuir facilement.

SOLUTIONS

2.5 Le banquier
Il s'agissait d'un train de montagnes russes. Le banquier avait promis d'accompagner son neveu dans le manège, mais il a détesté l'expérience. Il était soulagé que tout soit fini.

2.6 Un curieux endroit
L'endroit est Vénus, où un jour est plus long qu'une année. Vénus met 225 jours terrestres pour compléter un tour autour du Soleil, alors qu'elle met 243 jours terrestres pour effectuer une rotation autour de son axe. De toute façon, qui voudrait y rester un jour ou un an ? La température moyenne y est d'environ 460 °C (885 °F), et la pression y est d'environ 94 atmosphères; en outre, Vénus est couverte d'épais nuages d'acide sulfurique !

2.7 La lettre de grand-mère
La grand-mère du garçon était la reine Victoria. Dans cet incident véridique, le garçon a vendu la lettre cinq livres sterling (plus de 20 $ à l'époque).

2.8 Le vol du portefeuille
Deux semaines plus tard, lorsque le couple est revenu de son voyage de noces, toute la famille s'est réunie pour regarder la vidéo du mariage. C'est alors qu'ils ont vu, image à l'appui, le marié fouiller les poches du veston de son beau-père et voler son portefeuille.

2.9 La rallonge gratuite
Cette histoire est vraie, et l'homme était Picasso. L'entrepreneur a pensé judicieusement qu'en acceptant de bâtir la rallonge il pourrait conserver l'esquisse des plans de Picasso, qui devait valoir beaucoup plus que les coûts de la construction. Il avait raison.

2.10 La traversée
Les hommes se sont dispersés et ont traversé à gué la rivière, qui n'avait que 15 centimètres de profondeur.

2.11 Sept ans d'abstinence
La femme était une naufragée. Elle a trouvé un trésor de pirates, mais n'a été secourue que sept ans plus tard.

BON DE COMMANDE

Qté	Titre	Prix (taxe incluse)		Total
		Canada	**Europe**	
	Maniaques de Mots cachés	7,95 $	5,95 €	
	Mots croisés casse-cou	7,95 $	5,95 €	
	Remue-méninges captivants	7,95 $	5,95 €	
	Casse-têtes visuels	7,95 $	5,95 €	
	Tic-Tac-Toe solitaire	7,95 $	5,95 €	
	Énigmes de pensée latérale	7,95 $	5,95 €	
	Accros de jeux de logique	7,95 $	5,95 €	
	Labyrinthes secrets	7,95 $	5,95 €	
	Scrabble : Jeux de mots	8,95 $	ND	
	Boggle : Sudocroisés	8,95 $	ND	
	Battleship : Sudoku	8,95 $	ND	
	Battleship : Défi stratégique	8,95 $	ND	
			Total partiel	
	Frais de livraison	3,50 $	1 livre : 5,00 € 2 livres : 7,00 € 3 livres : 9,00 € 4 livres : 11,00 € 5 livres et plus : 13,00 €	
			Prix total	

Nom _____

Adresse _____ App. _____

Ville _____

Pays _____

Code postal _____

N° de téléphone _____

S.V.P. Envoyez-moi le(s) livre(s) mentionné(s) à la page précédente.

Je joins _____ $ ou _____ €

Faites parvenir votre chèque ou mandat-poste à :

Les Publications Modus Vivendi Inc.
55, rue Jean-Talon Ouest, 2ᵉ étage
Montréal (Québec) H2R 2W8
Canada

Vous pouvez également payer par carte de crédit :

☐ Visa   ☐ MasterCard   ☐ Amex   Date d'expiration : |___|___|___|

N° de la carte |___|___|___|___|___|___|___|___|___|___|___|___|___|___|___|___|___|

Signature _____

Nom (lettres carrées) _____

Vous pouvez aussi commander :

par téléphone : 514 272-0433
par télécopieur : 514 272-7234
par Internet : www.editionsbravo.com

100%   PERMANENT

Imprimé sur Rolland Enviro100, contenant
100% de fibres recyclées postconsommation,
certifié Éco-Logo, Procédé sans chlore, FSC
Recyclé et fabriqué à partir d'énergie biogaz.